19704

ÉPITRE

A

M. A. DE LAMARTINE.

IMPRIMERIE DE J. TASTU,
RUE DE VAUGIRARD, N° 36.

ÉPITRE

A

M. A. DE LAMARTINE.

Par M. Casimir Delavigne.

A PARIS,
CHEZ LADVOCAT, LIBRAIRE
DE S. A. S. MONSEIGNEUR LE DUC DE CHARTRES,
PALAIS-ROYAL, GALERIES DE BOIS, NUMÉROS 195 et 196.
BARBA, DERRIÈRE LE THÉATRE-FRANÇAIS, N. 51.

20 AVRIL 1824.

NOTE DU LIBRAIRE-ÉDITEUR.

L'Éditeur des OEuvres diverses de M. Casimir Delavigne se flatte d'avoir été l'interprète de l'impatience du public, en obtenant, par ses instances, l'autorisation de faire imprimer l'Épître suivante, qui devient le complément nécessaire des poésies de l'auteur.

Fidèle à ses engagemens, le libraire-éditeur l'a fait tirer sous trois formats, afin qu'elle pût être réunie facilement à chaque édition séparée. Imprimée in-8° sur papier vélin, pour faire partie du beau volume orné de vingt-sept vignettes, cette pièce complètera aussi la sixième édition in-18 des *Messeniennes et Poésies nouvelles* publiée récemment.

ÉPITRE

A

M. A. DE LAMARTINE.

Captif sous mes rideaux dont la double barrière,
Enfermait avec moi la fièvre meurtrière,
J'humectais vainement mes poumons irrités
Des syrops onctueux par Charlard inventés;

EPITRE

Mon rhume s'obstinait, et ma bruyante haleine
Par secousse, en sifflant, s'exhalait avec peine.
Tes vers, qui m'ont sauvé, m'ont appris, un peu tard,
Qu'Apollon, pour guérir, vaut son docte bâtard;
Et je crois, plein du dieu qu'en te lisant j'adore,
Que l'oracle du Pinde est celui d'Epidaure.

Oui, tu m'as bien compris; oui, cette liberté
Qui séduit ma raison à sa mâle beauté,
Que ma muse poursuit de son ardent hommage
Et dont mes fleurs d'un jour ont couronné l'image,
Propice à l'innocent, redoutable au pervers,
Est celle que Socrate invoque dans tes vers.

A M. DE LAMARTINE.

Messène l'adorait aux pieds du mont Ithôme,
Venise n'embrassa que son sanglant fantôme;
Son arc de l'Helvétie a chassé les Germains,
Et la flèche de Tell étincelle en ses mains.

Créé pour commander, l'homme naquit sans maître,
Et chef-d'œuvre imparfait du Dieu qui le fit naître,
Avec l'instinct du bien vers le mal emporté,
Pour choisir la vertu, reçut la liberté.
La licence est en lui l'abus d'un droit sublime :
La liberté gouverne et la licence opprime.
Elle seule, à nos yeux, de son front sans pudeur
Sous un masque romain déguisa la laideur,

ÉPITRE

Et de la liberté, simulacre infidèle,
Lui ravit nos respects en se donnant pour elle.
L'excès de la raison comme un autre est fatal,
Et l'abus d'un grand bien le change en un grand mal.
Pour détrôner l'abus, proscrirons-nous l'usage ?
Mais quel bienfait si grand, ou quelle loi si sage,
Hors la tendre amitié, quel sentiment si beau,
Dont l'abus dangereux n'ait pas fait un fléau ?
Du soupçon à l'œil faux la prudence est suivie,
Et l'émulation traîne après soi l'envie :
Pour la philosophie, un sage m'a conté
Que son front se gonfla d'avoir trop médité,
Son cerveau douloureux s'ouvrit, et le sophisme
En sortit tout armé d'un double syllogisme;
Entre Euclide et Pascal, de l'excès du savoir
Naît le doute effaré qui regarde sans voir;

A M. DE LAMARTINE.

La faiblesse pour mère a l'extrême indulgence,

Et l'extrême justice est presque la vengeance.

En punissant la faute, elle insulte au malheur :

La torture, à sa voix, fit mentir la douleur.

Thémis moins rigoureuse est aujourd'hui plus juste;

Mais on la trompe encore, et sa balance auguste

N'incline pas toujours du côté du bon droit;

Son glaive tombe à faux et frappe en maladroit.

La chicane au teint jaune, aux doigts longs et difformes,

Entoure son palais du dédale des formes,

Et dans l'obscurité, les plaideurs aux abois

Sont par leurs défenseurs pillés au fond du bois.

J'ôte à ce parvenu la toge qui le pare,

Et je découvre un sot caché sous la simarre !

Que faire ? de Thémis briser les tribunaux ?

Mettre sa toque en cendre, et sa robe en lambeaux ?

ÉPITRE

Mais je vois un bandit qui ne craint plus l'enquête
A ma bourse, en plein jour, adresser sa requête;
Et deux plaideurs manceaux de colère animés
En champ-clos pour leurs droits plaider à poings fermés.

Noble chevalerie, autrefois ta bannière
De l'Orient pour nous rapporta la lumière.
J'aime avec l'Arioste à vanter tes exploits
Dont la justice errante a devancé les lois;
A voir tes jeux guerriers, ton amoureux servage
Adoucir de nos mœurs l'aspérité sauvage.
Mais dans leurs jeux parfois tes preux moins innocens
Ont, la lance en arrêt, détroussé les passans,

A M. DE LAMARTINE.

Ont levé sur l'hymen des dîmes peu morales,

Et, possesseurs armés de leurs jeunes vassales,

Opposant aux maris des remparts crénelés,

Ont fait plus d'orphelins qu'ils n'en ont consolés.

Eh bien! de nos romans bannirons-nous tes fées?

Irons-nous, de l'histoire arrachant tes trophées,

Des excès féodaux d'un fougueux châtelain

Flétrir Clisson, Roland, Bayard et Duguesclin?

Le saint amour des rois dans sa ferveur antique

Des plus beaux dévoûmens fut la source héroïque.

Mais cet amour outré mène au mépris des lois,

Foule à pieds joints l'honneur, le bon sens et nos droits;

Sous le joug du pouvoir se jette avec furie,
Compte un homme pour tout, et pour rien la patrie.
J'en conclus qu'en tous lieux, surtout chez les Français,
L'incertaine raison marche entre deux excès,
Et court, dès qu'un faux pas l'écarte de sa route,
Du bonheur qu'on espère au malheur qu'on redoute;
Ainsi qu'un clair ruisseau, captif entre ses bords,
Qui sans les inonder leur verse ses trésors,
Gonflé par un orage, en un torrent se change
Et roule sur les fleurs les débris et la fange.
Si les lois, si les arts, le bon droit, le bon gout,
Si tout admet l'excès, si l'excès flétrit tout,
Ami, la liberté n'en est pas plus complice
Que toute autre vertu dont l'abus est un vice.
A son front virginal ma main n'a pas ôté
Le bonnet phrygien qu'il n'a jamais porté.

A M. DE LAMARTINE.

Pourquoi donc, trop séduit d'une fausse apparence,
Nommer la liberté quand tu peins la licence?

Eh! que répondrais-tu, si quelque noir censeur
Trompé par tes accords et sourd à leur douceur,
Dans la Vierge immortelle à qui tu rends hommage
Voulait voir cet esprit d'imposture et de rage
Qui sur les bancs dorés d'un concile romain
Présida dans Constance un brandon à la main?
De Jean Hus, en priant, signa l'arrêt barbare,
Au front d'un Alexandre égara la tiare;
Qui le doigt sur la bouche, au fond du Louvre assis,
Attisait les complots que soufflait Médicis,

ÉPITRE

Et poussait Charles neuf, quand ses mains frénétiques
Frappaient d'un plomb dévot des sujets hérétiques ;
Qui se signant le front, l'air contrit, l'œil fervent,
Pour immoler Henri s'échappait d'un couvent :
Dont partout aujourd'hui la tortueuse audace
Se mêle en habit court aux nouveaux fils d'Ignace,
Qui prêche sous le frac, rampe sous le surplis,
Cache son embonpoint sous sa robe à longs plis ;
Malgré ses trois mentons, vante ses abstinences,
Se glisse incognito de la chaire aux finances,
Résigné, s'il le faut, à sauter du saint lieu
Dans le fauteuil royal où s'assit Richelieu.

Mais non, ce fanatisme est l'abus que je blâme,
Il n'a pas allumé ces traits de vive flamme

A M. DE LAMARTINE.

Qui, par l'aigle de Meaux à ta muse inspirés,

Brillent comme un reflet de ses foudres sacrés.

Il n'a pas modulé ces sons dont l'harmonie

Semble un écho pieux des concerts d'Athalie.

Non, non, ce n'est pas lui que ta lyre a chanté;

C'est la religion sœur de la liberté!

Un flambeau dans les mains, les ailes étendues,

Des bras du roi des cieux toutes deux descendues,

Chez les rois de la terre ont voulu s'exiler

Pour affranchir l'esclave ou pour le consoler.

Toutes deux ont ensemble erré parmi les tombes;

Toutes deux, s'élançant du fond des catacombes,

Sous un même drapeau marchaient d'un même pas;

Répandaient la lumière et ne l'étouffaient pas.

L'une, le front paré des palmes du martyre,

Présente l'espérance aux humains qu'elle attire;

Clémente, elle pardonne avec Guise expirant,
Embrase Fénélon d'un amour tolérant,
Guide Vincent-de-Paul, ensevelit Voltaire;
Brûle de chastes feux ces anges de la terre
Qui sans faste et sans crainte à la mort vont s'offrir
Pour sauver un malade ou l'aider à mourir.
L'autre, le casque en tête et le pied sur des chaînes,
Sourit à Miltiade, inspire Démosthènes,
Joue avec le laurier cueilli par Washington,
Et l'offre aux dignes fils des Grecs de Marathon,
Libres s'ils sont vainqueurs, et libres s'ils périssent,
Qu'un poëte secourt et que des rois trahissent!..
Viens, et sans condamner nos cultes différens,
Viens aux pieds des deux sœurs échanger nos sermens.
Éclairés par leurs yeux, réchauffés sous leurs ailes,
Pour les mieux adorer, unissons-nous comme elles,

Et dans un même temple, à deux autels voisins,
Offrons nos dons divers sans désunir nos mains.

Que j'aime le tableau de ta barque incertaine
Cédant en vers si doux au souffle qui l'entraîne !
Au gré des flots mouvans, par la brise effleurés
Sous nos deux pavillons nous voguons séparés ;
Mais quel que soit le bord où tende notre audace,
Pour nous montrer du doigt l'écueil qui nous menace,
Nous saluer d'un signe et d'un regard ami,
Laissons tomber la rame élevée à demi.
Demandons l'un pour l'autre une mer sans orage,
Un ciel d'azur, un port au terme du voyage,

Un vent qui nous y mène, et propice à tous deux
M'apportant tes souhaits, te reporte mes vœux.

LIBRAIRIE DE LADVOCAT, AU PALAIS-ROYAL.

HISTOIRE DES DUCS DE BOURGOGNE DE LA MAISON DE VALOIS (DE 1364 A 1477); PAR M. DE BARANTE, PAIR DE FRANCE. — Ornée de quatre Portraits, et imprimée sur papier fin d'Auvergne. — *Extrait du Prospectus général.* — Il est peu de genres de style dans lesquels M. de Barante ne se soit essayé avec le plus grand succès. Le *Tableau de la Littérature au dix-huitième Siècle* est un de ces écrits élégans, purs et solides à la fois, qui semblent appartenir au dix-septième. Les *Mémoires de madame de La Rochejaquelein* sont empreints d'une naïveté si touchante, d'une si sublime simplicité, qu'on ne distingue nulle part l'ingénieux écrivain qui les a rédigés, de cette Française, épouse et mère, dont il interprète si bien les sentimens nobles et tendres. Les ouvrages qu'il a composés sur des matières plus sévères, portent le sceau du même talent, modifié par des sujets difficiles et non pas affaibli. Toujours clair, même quand il pénètre dans les ténèbres de l'ancienne politique; toujours agréable à lire, même quand il traite des questions où l'intérêt des idées semble exiger le sacrifice des ornemens, il a souvent inspiré à ses lecteurs le regret de ne pas voir un talent si élevé appliqué à des travaux d'une importance plus générale. C'est répondre à une longue attente, et presque à un reproche, que d'annoncer un ouvrage de M. de Barante, mûri dans le silence de l'étude, et fait, par le plan comme par l'exécution, pour justifier toutes les espérances.

Le lecteur se fera facilement une idée de cet important ouvrage, par l'extrait suivant de la Préface :

« Ainsi que le dit Brantôme : « Je crois qu'il ne fut jamais
» quatre plus grands ducs, les uns après les autres, comme
» furent ces quatre ducs de Bourgogne. » Le premier, Philippe-le-Hardi, commença à établir la puissance bourgui-

gnonne, et gouverna la France durant plus de vingt ans; le second, Jean-sans-Peur, pour conserver sur le royaume le pouvoir qu'avait eu son père, commit un des crimes les plus éclatans de l'histoire moderne. Par là il forma les plus sanglantes factions, et alluma une guerre civile la plus cruelle, peut-être, qui ait souillé notre sol. Succombant sous un crime pareil, sa mort livra la France aux Anglais. Philippe-le-Bon, son successeur, se vit arbitre entre la France et l'Angleterre. Le sort de la monarchie sembla dépendre de lui ; son règne, long et prospère, s'est signalé par le faste et la majesté dont commença à s'investir le pouvoir souverain, et par la perte des libertés de la Flandre, de ce pays, jusqu'alors le plus riche et le plus libre de l'Europe. Enfin, le règne de Charles-le-Téméraire offre le spectacle continuel de sa lutte avec Louis XI, le triomphe de l'habileté sur la violence, le commencement d'une politique plus éclairée, et l'ambition mieux conseillée des princes, qui, devenus maîtres absolus de leurs sujets, font tourner, au profit de leurs desseins, les nouveaux progrès de la civilisation et du bon ordre. »

L'*Histoire des Ducs de Bourgogne* paraîtra par livraisons successives.

La première sera publiée le 15 mai, et comprendra le règne de Philippe-le-Hardi, 1364-1404. Elle formera 2 vol. in-8º.

La seconde comprendra le règne de Jean-sans-Peur, 1404-1419, et paraîtra du 15 juin au 1ᵉʳ juillet. Elle sera aussi de 2 vol.

La troisième comprendra le règne de Philippe-le-Bon, 1419-1467. Elle aura 4 vol., et sera divisée en deux parties ; la première paraîtra au 1ᵉʳ janvier 1825, la seconde le 15 du même mois.

La quatrième comprendra le règne de Charles-le-Téméraire, 1467—1477. Elle aura deux vol. pareils aux autres, et paraîtra le 15 février 1825.

Le prix de chaque livraison sera de 10 fr., papier fin d'Auvergne. Les premiers cinq cents souscripteurs recevront leurs livraisons satinées ; pour les autres souscripteurs, le satinage sera payé 75 cent. par vol.